Me amo a mí mismo

Un Libro Para Incrementar La Autoestima De Los Niños

Queridos padres de familia maestros y adultos comprometidos con el bienestar de los niños

Los niños que tienen buena autoestima se sienten valorados, queridos y seguros de sí mismos. Están preparados para enfrentar los retos y están seguros de que estarán a la altura. Cuando los niños tienen sentimientos positivos acerca de sí mismos, están preparados para el éxito. Los padres, maestros y adultos que están al cuidado de los niños pueden hacer mucho para ayudarlos a mejorar su autoestima.

- Hágale saber que es amado y valorado. Que sus opiniones y sentimientos son importantes. Dele opciones a la hora de tomar decisiones en la vida diaria. Permítale sentir que tiene poder.
- Permita que realice tareas del hogar adecuadas a su edad.
- Felicítelo y hágale cumplidos sinceros. Elija cuidadosamente sus palabras, ya que decirle que es el mejor deportista o la mejor bailarina de todo el mundo puede hacerle más mal que bien a la larga.
- No lo compare con otros niños. Déjele saber que es único y especial. También dígale que nadie es perfecto. Si algo le sale mal, anímelo para mejorar.
- A veces el bullying comienza en casa. Evite molestarlos o decirles cosas malas. No culpe a los niños por sus propios sentimientos.
- Pasen tiempo de calidad juntos. Lean un libro y jueguen.
- No los ayude inmediatamente. Permita que ellos mismos resuelvan algunas cosas.
- Anímelos a aprender algo nuevo cada día.
- Invítelos a compartir sus sentimientos con usted. Escúchelos. Si desean algo, convénzalos de pedirlo de forma asertiva.
- Hágales ver sus fortalezas y ayúdeles a enfocarse en ellas.

Recomendamos leer este libro en compañía del niño para ayudarlo a desarrollar confianza en sí mismo.

Tú eres tú y eres maravilloso

No hay dos criaturas iguales y cada una es maravillosa. Tú eres una creación de Dios. Él creó a cada ser humano para ser fantástico. Tú eres amado por Dios, por tu familia y por muchas personas a tu alrededor. Todos somos diferentes y cada quien es especial a su manera

Tu cabello puede ser de cualquier color, textura o tamaño... ¡eres hermoso!
Puedes ser jugador o espectador... ¡cualquiera está bien!
Puedes ser muy platicador o callado...¡debes estar orgulloso del idioma que tus padres te enseñaron!
Puedes ser un lector ávido o un fotógrafo curioso... ¡disfruta toda la belleza!

Encuentra tu súper poder

Cuando piensas en quién eres o cuando te ves en el espejo, sientes algo acerca de ti mismo. La autoestima es eso que sientes sobre ti. Siempre piensa bien de ti. Recuerda que eres amado y que eres especial.

Cada mañana repite en vez alta, "¡yo soy bueno y voy a ser mejor cada día!" Enfócate en las cosas buenas y elimina las cosas negativas. Incluso habrá veces en las que falles en algo. Ve eso como una lección y aprende de tu error. Cuando creemos que no somos suficientemente buenos, nuestro termómetro de autoestima empieza a caer. Nunca permitas que eso suceda.

Cuando te mires en el espejo, pregúntate a ti mismo, "¿qué quiero en la vida? ¿En qué quiero ser muy bueno?" Encuentra tu súper poder y sorpréndete a ti mismo antes de intentar impresionar al mundo. Los súper héroes no se hacen en un día. ¡Conviértete en una estrella para ti mismo antes!

No te compares

Nada bueno sale de una comparación. Recuerda que Dios te creó para ser tú mismo. Nunca te compares con otros. No seas muy duro contigo mismo. Algunos chicos son buenos para bailar, otros para escribir, unos más para las matemáticas o para algún deporte... tú tienes que enfocarte en ti mismo y encontrar para qué eres bueno. Tu única competencia es contra ti mismo. Solo tienes que preocuparte por ser mejor de lo que fuiste ayer.

Todas las amigas de Caty son buenas bailarinas. Muchas veces, ella sentía que tenía algo mal porque no podía bailar. Su falta de habilidad para el baile la hacía sentir muy mal y sentía celos de sus amigas. Esto es lo que te hace la baja autoestima.

Cuando Robert, el entrenador, se dio cuenta de esto, animó a Caty para que practicara tenis. En eso era muy buena. Pronto se convirtió en la mejor jugadora entre sus amigas. Ya no se sentía triste o celosa. Entendió que no todos pueden ser buenos para todo.

La amistad es un súper poder

Podrá haber veces en las que una voz en tu cabeza te diga que no puedes hacer algo, que no eres suficientemente bueno. Cuando eso suceda, conviértete en tu propio amigo y calla esa voz. Cuando realmente quieras lograr algo, di en voz alta: "¡Yo puedo hacerlo y voy a hacerlo!"

La amistad es un súper poder. Conviértete en un buen amigo para ti y para otros. Mantén tu cuerpo y tu mente en muy buen estado. Come bien, duerme suficientes horas y solo piensa cosas positivas. Aléjate de cualquier cosa que pueda ser negativa o peligrosa.

No tengas miedo de pedir ayuda. Al mismo tiempo, siempre que puedas ofrece tu ayuda a otros. Cuando veas que un amigo se siente triste, intenta hacer que se sienta feliz y enséñalo a pensar cosas buenas sobre él mismo. Cuando veas que un amigo trata de ser mejor en algo, ofrécele tu guía y ayúdalo a superar obstáculos. Esto lo inspirará y tú te sentirás muy bien contigo mismo.

MY GOALS

Planea tu vida

Haz tu vida más simple. Trata de aclarar lo que quieres lograr. Empieza por cosas pequeñas y escribe algunas metas que puedas alcanzar. Pero esto por sí solo no es suficiente. Recuerda que debes trabajar duro. Prepárate para tener algunos errores. El fracaso está allí para ayudarnos a aprender. Prepárate para trabajar duro todo el tiempo.

Descubre las cosas para las que eres bueno y realízalas regularmente. Hacer las cosas que hacemos bien nos ayuda a desarrollar confianza.

Ray era muy bueno para pintar. También quería ser bueno en ciencias, pero su mente todo el tiempo le decía, "eso es muy difícil para ti." Cuando se sintió muy desanimado, decidió hacer al menos una pintura cada semana. Con cada cuadro terminado, su mente triste iba perdiendo poder. Se sentía confiado. Se fijó metas pequeñas y muy pronto dejó se sentir que no podía.

Atrévete a ser audaz

Una vez que logres cambiar los "no puedo" por "sí puedo", es tiempo de explorar un poco más. Atrévete a ser valiente. Toma riesgos. Intenta una nueva receta. Elige una manera de vestir que sea distinta a la de siempre. Toma un camino diferente para ir a la escuela. Pide algo distinto en un restaurante. Has algo que sea fuera de lo común y que te asuste un poco.

Cuando eliges ser atrevido y lo trabajas muchas veces, le estás diciendo a tu mente que puede probar nuevas ideas. Practicar nuevas habilidades no te hará perfecto, pero definitivamente te hará más valiente y mejor.

Cuando fuerzas a tu mente a hacer cosas que normalmente te asustan, la programas para no tener miedo. Es como si escribieras un nuevo código y le dijeras a tu cerebro que explore nuevas posibilidades. Si logras realizar una tarea que te asusta cada día, te sorprenderás al ver que el miedo se va de tu vida. Sin embargo, lograr cosas que te asustan no quiere decir hacer cosas peligrosas. ¡Esas nunca debes hacerlas!

ROBOT

Levántate Después De una Caída

El fracaso puede ocurrir cualquier día. Tal vez no hiciste una tarea importante o quizá no estudiaste bien para un examen. Puede ser que no te esforzaste lo suficiente, o que te peleaste con un buen amigo.

Cuando creas que estás teniendo un día miserable, piensa en los buenos momentos. Habla con la gente que te ama. No tengas miedo de pedirles que te den un fuerte abrazo o que te digan que eres bueno.

En su cumpleaños, el papá de Toby le regaló un robot para armar. No le gustó porque tenía que trabajar mucho. Trató de armarlo varias veces pero no le salía bien. Justo cuando su mente empezaba a decirle que no podría hacerlo, se levantó y fue a pedirle a su papá que le diera un abrazo. Papá supo cuál era el problema. "Sé que es difícil armar un robot," le dijo a Toby. "También sé que tú puedes hacerlo. Nunca has tenido miedo de los retos."

Toby se sintió valiente. Se sentó a leer bien el manual. Pronto su robot hacía ruidos por toda la casa.

Cuando estés listo para dejar a un lado un mal día, encuentra las razones por las que fallaste y trabaja en ellas.

Sé tu propio escudo

Podrá haber personas que no sean buenas contigo. No puedes hacer que todo el mundo te quiera. Cuando no puedes cambiar algo, cámbiate a ti mismo. Protégete de las opiniones y de los comentarios negativos. Rodéate de pensamientos y personas positivas que te apoyen para tener éxito.

El día de Danny iba muy bien porque se había enterado de que lo eligieron como supervisor de su grupo. Cuando iba camino a casa, sus amigos intentaron desanimarlo. "No puedes controlar al grupo. La señorita Alex debió estar enferma cuando te eligió. Un supervisor debe ser alto y dinámico. Tú no eres así para nada."

Danny supo qué hacer con esos comentarios. Simplemente se rio y los ignoró. Se convirtió en su propio escudo y protegió su mente. Cada vez que algo lo asustaba, simplemente pensaba en cosas que lo animaran. Se acordaba de todos los retos difíciles que había enfrentado con esfuerzo y muchos pensamientos positivos.

Abraza el cambio

El cambio es parte de la vida. Nada permanece para siempre. Algunos cambios son para bien, mientras que hay otros que nos rompen el corazón. Acepta la vida como viene. No permitas que los cambios a tu alrededor te hagan sentir menos.

Un nuevo nadador podrá llegar y quitarte el título del mejor nadador. Acepta el cambio. Felicita al nuevo nadador y aprende de él. Tal vez hay un nuevo bebé en la familia que se lleva todo el amor y la atención. No te pongas celoso. Las personas que te rodean te aman. Intenta comprenderlas. Cuando aceptas los cambios en tu vida, te obligas a crecer y a salir de tu zona de confort. ¡Eso es un gran logro!

Si un ser querido tiene que irse, piensa que eres suficientemente fuerte para afrontarlo. Habla con la gente que te quiere y que está junto a ti. Encuentra felicidad en las personas que te aman y alegría en todo lo que Dios te ha dado. ¡Eso es el éxito!

Dios sabe que tú eres especial

Dios sabe que eres especial, ¡Él te creó!

El mundo necesita muchos tipos distintos de personas. Imagina un salón de clases en el que todos fueran iguales. Todos llorarían y reirían al mismo tiempo. Serían buenos y malos para las mismas cosas. Nadie sería el más listo, ni tampoco el más gracioso. No habría un mejor bailarín o un gran atleta. Todos del mismo color, estatura y peso. Sería un salón muy aburrido. Sería como comer exactamente lo mismo cada día.

Agradece a Dios por la forma en que te creó. Él sabe por qué eres como eres. Habla con él cuando quieras saber lo que desea de ti, él te escucha y te responde. Has vencido muchos retos desde el día en que naciste y Él te ha estado cuidando desde ese día. Tú eres su regalo para el mundo.

Ama a los Demás Como son

Volteamos hacia nuestra familia y amigos para encontrar aprobación. Cuando nos aman y nos aceptan, nos sentimos bien.

Pero cuando las personas que queremos están muy ocupadas con cosas importantes, puede parecer que no nos prestan mucha atención. Eso no es verdad. Aunque tu mamá esté ocupada lavando los trastes, se siente feliz por tus buenas calificaciones. Y si tu papá esté ocupado con su trabajo, de todas formas te ama. Aunque tu hermano esté haciendo su tarea, tú le importas mucho. No dudes de su amor. Ayúdalos siempre que puedas. Ellos se sentirán amados y tú te sentirás muy bien contigo mismo.

Ama a los demás tal y como son. Si alguien que te quiere te hace una crítica, pídele que te eplique sus razones. Si estás de acuerdo con lo que te dice, intenta cambiarlo para ser mejor. Pero si no te convence o no te deja tranquilo, sigue creyendo en ti mismo y no permitas que otros te hagan sentir mal. ¡Quiérelos mucho pero nunca dejes de ser tú mismo!

Actividades

Vamos a ver qué aprendiste de este libro:

Escribe cierto o falso

1. Dios nos creó a todos iguales. ________
2. Cuando nos forzamos a hacer cosas que nos asustan, nos liberamos del miedo. _______
3. La comparación es buena para la autoestima. ________
4. Los que tienen éxito no enfrentan fracasos. _______

Qué deberían hacer los niños en estas situaciones:

1. Rosa pensaba que era la mejor escritora de su clase. Pam escribió un ensayo mejor en la competencia de escritura. ¿Qué debe hacer Rosa para crear confianza en ella misma?

   ____

2. El tío de Marc siempre critica su acento. En realidad, su acento no tiene nada de malo. ¿Qué debe hacer Marc para sentirse bien con él mismo?

   ____

3. La mamá de Ben no pudo ir a ver su presentación a la escuela porque tenía que trabajar. ¿Qué debe hacer Ben para no sentir que su mamá no lo ama?

   ____